Illustrations :
Dominique Pelletier

Compilation :
Julie Lavoie

Éditions
SCHOLASTIC

100 blagues! Et plus…
Nº 17
© Éditions Scholastic, 2007
Tous droits réservés
Dépôt légal : 3e trimestre 2006

ISBN-10 0-545-99883-2
ISBN-13 978-0-545-99883-3
Imprimé au Canada

Éditions Scholastic
604, rue King Ouest
Toronto (Ontario)
M5V 1E1
www.scholastic.ca/editions

Les astronautes grandissent de 2 à 5 cm
au cours d'une mission. En état
d'apesanteur, leurs vertèbres
s'écartent, ce qui a pour effet
d'allonger leurs dos et par conséquent,
leur taille. Heureusement, dès qu'ils
reviennent sur Terre, ils retrouvent
leur taille normale.

3

On allume mon premier pour se réchauffer.

Mon second est l'organe de la vue.

Mon tout tombe quand vient l'automne.

POURQUOI LES ÉLÉPHANTS SONT-ILS DE MAUVAIS DANSEURS?

RÉPONSE : PARCE QU'ILS ONT DEUX PIEDS GAUCHES!

650 mouches pèsent moins
de 30 grammes.

- Au secours! hurle un homme tombé à l'eau. Je ne sais pas nager!

- Et alors? lance un matelot du pont du bateau, moi non plus je ne sais pas nager! Et est-ce que je le crie sur tous les toits?

QUEL EST L'ANIMAL LE PLUS HEUREUX?

RÉPONSE : LE HIBOU PARCE QUE SA FEMME EST CHOUETTE.

En 1895, les frères Lumière ont
présenté leur premier film. On dit
que les spectateurs étaient terrifiés
lorsqu'ils ont vu à l'écran une locomotive
entrer en gare. Ils croyaient
qu'elle fonçait sur eux!

QUE DIT UN CLOWN LORS D'UNE
VISITE CHEZ LE MÉDECIN?
RÉPONSE : DOCTEUR, JE ME SENS
DRÔLE.

Mon premier est un félin.
Mon second vient des vaches.
Mon tout est une habitation
de plaisance.

En arrivant à l'école, Rosalie met son hamster dans le fond de son casier, puis elle referme la porte rapidement pour éviter que l'animal se sauve. Son ami Michel la voit faire :

- Pourquoi gardes-tu un hamster dans ton casier? Ça va puer là-dedans!

- Il ne faut pas s'en faire pour lui. Il va s'habituer, répond Rosalie.

Un garçon se rend chez le médecin pour un rendez-vous de routine. Il commence :

- Docteur, mes parents m'ont fait cadeau d'une intelligence supérieure! Une bosse d'intelligence vient même de me pousser sur la tête! Je suis parfait! Je ne comprends vraiment pas ce que je fais ici...

- Humm... fait le docteur. Le cadeau que tu as reçu, est-ce que ce serait une balle de baseball par hasard?

QUE DIT-ON DU PROPRIÉTAIRE D'UNE BOULANGERIE DONT LES EMPLOYÉS MÉCONTENTS ONT DÉMISSIONNÉ?

RÉPONSE : IL EST DANS LE PÉTRIN!

Au Moyen Âge, se balader dans
les rues de Paris pouvait être une
aventure périlleuse et... odorante.
Les gens avaient l'habitude
de vider leur pot de chambre
par la fenêtre.

Stéphane annonce fièrement à son père :

- Mon enseignant a posé une question et j'ai été le seul à connaître la réponse!

- Quelle était la question? demande le père.

- « Qui a mis une punaise sur ma chaise? » lance fièrement le garçon.

QU'EST-CE QUE TU DONNES À UN ÉNORME GORILLE POILU COMME CADEAU DE NOËL?

RÉPONSE : TOUT CE QU'IL VEUT!

Au Japon, on fait pousser des melons
d'eau dans des contenants carrés.
Les fruits carrés font des cadeaux
originaux pour qui peut les offrir...
Ils peuvent coûter plus de
100 $ l'unité!

La tour Eiffel fuit le soleil! Sous l'effet
de la chaleur, le fer se dilate et fait
que la tour se courbe légèrement. Le
vent peut aussi déplacer son sommet,
mais de quelques cm seulement.

Les billets pour visiter
la tour Eiffel représentent 2 tonnes
de papier par an!

En faisant ses devoirs, une petite fille demande à son père :

- Papa, où sont les Rocheuses?

- Je ne sais pas. Demande à ta mère, c'est elle qui range tout!

● ●

Deux petits garçons discutent à la récréation :

- Tu crois qu'il y a du monde sur la Lune?

- Ben oui! C'est toujours allumé!

Mon premier est l'abréviation
de professionnel.

Mon deuxième est synonyme
de postérieur.

On lit mon troisième sur une
montre.

Mon tout est une personne
qui travaille à l'université.

Une femme revient dans son ancien quartier. Elle entre dans la boulangerie :

- Ce pain-là, demande-t-elle au boulanger, est-ce celui que j'achetais lorsque j'habitais dans le coin?

- Oui, c'est celui que nous avons depuis plusieurs années, répond l'homme.

- Oh! est-ce que je peux en avoir un plus frais, s'il vous plaît?

POURQUOI DIT-ON QUE LES PARENTS SONT COMME LES PUBLICITÉS À LA TÉLÉVISION?

RÉPONSE : IL NE FAUT PAS CROIRE TOUT CE QU'ILS DISENT!

La météorologue d'une émission de télé du matin est partie en vacances plus tôt que prévu, sans en aviser ses patrons. Le lundi matin, pris au dépourvu, un technicien prend le microphone et annonce aux téléspectateurs :

- Le grand froid d'hiver est responsable du départ précipité de notre soleil matinal, qui rayonne actuellement sur les côtes de la Floride. Son éclipse a causé toute une tempête chez nous, mais rassurez-vous, votre soleil du matin sera bientôt de retour pour vous annoncer une meilleure météo...

Plus de la moitié des os de ton corps
sont dans tes mains et tes pieds.
Il y a 206 os dans ton corps,
dont 27 dans chacune de tes mains
et 26 dans chacun de tes pieds.
Fais le calcul!

Un couple file à l'hôpital en voiture, car la femme est sur le point d'accoucher. Le mari s'arrête au feu rouge et suggère :

- On devrait appeler notre enfant « Rougearrête ».

- Ce n'est pas un nom! s'exclame la femme.

- Pourquoi pas? Nos voisins ont bien appelé leur fils Jonathan... (Jaune attend).

Un petit garçon entre dans la cuisine en pleurant. Sa mère lui demande ce qui ne va pas.

- C'est papa! En voulant accrocher un cadre, il s'est donné un coup de marteau sur un doigt, explique-t-il.

- Il n'y a pas de quoi pleurer. Au contraire, tu aurais dû rire.

- C'est ce que j'ai fait!

L'expression « Voie lactée », qui signifie « voie ou chemin de lait », remonte à la Grèce antique. Les Grecs croyaient que la traînée blanche était du lait répandu par le demi-dieu Héraclès alors qu'il était bébé.

Mon premier est dans le mot petit, mais pas dans le mot jupe.

Mon deuxième est un rongeur.

Mon troisième est un article partitif.

Mon tout est une longue suite de phrases dites d'un seul trait par un comédien.

La Terre grossit de plus
de 100 tonnes par jour!
De minuscules météorites,
fines comme de la poussière,
tombent continuellement sur la Terre,
qui devient de plus en plus grosse.

Il faut souffrir pour être beau. Pendant
le tournage du film Le Monde de Narnia,
il fallait 3 h 30 min pour transformer
l'acteur James McAvoy en M. Tumnus,
le faune. Il fallait d'abord lui coller des
poils, puis, les friser au fer.

POURQUOI JACK, UN ADOLESCENT, N'ÉTAIT-IL PAS CONTENT DE GAGNER LE PRIX DU MEILLEUR DÉGUISEMENT À UNE FÊTE D'HALLOWEEN?

RÉPONSE : IL ALLAIT SEULEMENT CHERCHER SA PETITE SŒUR POUR LA RAMENER À LA MAISON.

Mon premier est la 4e consonne de l'alphabet.

Mon deuxième est le contraire du mot gâté en parlant de nourriture.

Mon troisième est le braiement de l'âne (que fait l'âne?).

Mon tout est synonyme de terrifiant.

Une maman kangourou discute avec son amie :

- J'espère qu'il va enfin arrêter de pleuvoir... Je déteste que les enfants soient obligés de jouer à l'intérieur.

• •

Un coq entre dans le poulailler avec un œuf d'autruche. Il convoque les poules :

- Mesdames, je ne veux pas vous vexer, mais vous voyez ce que produit la concurrence?

Un petit garçon de 3 ans montre son dessin à sa mère :

- J'ai fait un camion, un bonhomme, une maison, des arbres et un parc.

- Je ne suis pas certaine de voir tout ça dans ton dessin, dit la mère.

- C'est qu'il y a eu un gros tremblement de terre!

Lorsqu'une baleine expire, elle produit un jet qui est composé essentiellement du souffle de l'animal. Le souffle le plus puissant est celui de la baleine bleue. Il peut atteindre la hauteur d'un immeuble de trois étages!

30

La baleine bleue pourrait
gonfler 2000 ballons
d'un seul souffle!

VRAI OU FOU?

1- Il n'existe aucun portrait authentique de l'explorateur Samuel de Champlain.

2- Les vaches ont 4 estomacs.

3- Les scientifiques sont en mesure de déterminer la couleur d'un dinosaure.

Réponses à la page 108

Mon premier est un métal précieux.

Mon second est un état de colère comme dans l'expression « fou de...».

Mon tout est parfois annoncé à la météo.

• •

Un papa et sa fille discutent :

- Papa, quand je suis née, qui m'a donné l'intelligence?

- C'est probablement ta mère, dit le père, car moi, j'ai encore la mienne...

Un touriste arrive dans la capitale vers 17 heures, un mercredi. Il saute dans un taxi et s'informe auprès du chauffeur :

- C'est comment l'heure de pointe ici? Ça me semble bien tranquille...

- Oui monsieur. Ici, la plupart des employés finissent de travailler à 17 heures et à 16 h 30, ils sont tous rendus à la maison.

Selon une vieille tradition française,
un bébé ayant beaucoup
de cheveux à la naissance serait
chanceux dans la vie.

Mon premier est la 11ᵉ lettre de l'alphabet.

Mon deuxième est la 2ᵉ syllabe du mot relique.

Mon troisième est au milieu du visage.

Mon tout est un geste tendre.

• •

L'enseignante demande à Nicolas :

- Conjugue-moi le verbe savoir à tous les temps.

- Je sais qu'il pleut, je sais qu'il fera beau, je sais qu'il neige.

TOUTES CES QUESTIONS ONT LA MÊME RÉPONSE.

- Qu'est-ce que les pauvres ont et que les riches n'ont pas?
- Qu'est-ce qui est plus puissant que Dieu?
- Qu'est-ce qui est plus grand que l'infini?
- Si tu manges cela, tu meurs.

Réponse à la page 108

VRAI OU FOU?

1- James Watt a inventé
   l'ampoule électrique.

2- Il n'y a aucun serpent
   végétarien.

3- Une martingale est un
   insecte qui vit dans la forêt
   tropicale.

Réponses à la page 108

Mon premier permet aux oiseaux de manger des graines et des vers.

Mon second est un jeu ou l'où fait des abats.

Mon tout est utile quand on a une jambe cassée.

• •

Mon premier termine une phrase.

Mon second change à ton anniversaire.

Mon tout est ce qui détermine les gagnants à la fin d'une partie.

Amélie attend sa punition dans le bureau du directeur. Le turbulent Maxime, un habitué, vient s'asseoir près d'elle et chuchote :

- Pourquoi es-tu ici? Ça ne te ressemble pas.

- Je courais trop lentement dans le corridor, répond Amélie.

- Tu veux dire que tu courais trop vite!

- Non! Pas assez vite! Le directeur m'a attrapée...

Parmi les plus grands animaux du monde, c'est le rhinocéros qui a la peau la plus coriace. Elle a presque 2 cm d'épaisseur.

Il y a près de 9 millions
de millionnaires aujourd'hui
dans le monde.

Un scout et un intellectuel vont faire du camping sauvage. Ils veulent dormir comme le faisaient les Indiens, dans une tente en forme de tipi. Ils s'endorment, mais après quelques heures, le scout se réveille :

- Pssst! Réveille-toi! Vois-tu le ciel?

- Oui, c'est magnifique! Je vois un ciel étoilé, sans nuages, qui annonce du beau temps pour demain. Je vois des constellations : La Grande Ourse, la Petite Ourse et ..., commence l'intellectuel.

Après quelques minutes de monologue scientifique, il s'arrête et demande :

- Pourquoi me dévisages-tu comme ça... J'ai dit quelque chose qui n'est pas vrai? Toi, qu'est-ce que tu vois?

- Idiot! On s'est fait voler notre tente!

Deux amis se rencontrent dans un parc.

- Il est gros et plutôt étrange ton chien jaune... Comment penses-tu qu'il se comporterait avec mon berger allemand? dit l'un.

- Détache-le! On va voir, dit l'autre.

En moins d'une minute, le chien jaune a dévoré le berger allemand.

- Il est féroce ton chien! C'est quelle race? demande le propriétaire du berger allemand, abasourdi.

- Je ne sais pas. C'est un copain qui l'a ramené d'Afrique. Il avait un drôle de pelage, un peu comme une crinière. Il paraît mieux depuis que je l'ai tondu...

Mon premier est la 10e lettre de l'alphabet.

Mon deuxième : il y en a 2 sur un vélo et 4 sur une auto.

Mon troisième est ce qui se répète dans Lisette, Georgette et Claudette.

Mon tout indique la direction du vent.

Autrefois, on célébrait l'Halloween
en jouant des tours et non en se
déguisant comme on le fait aujourd'hui.
Une vache blanche pouvait donc devenir
noire pendant la nuit... La charrue
pouvait se retrouver sur le toit
de la grange, etc. Quelle belle occasion
de se venger d'un voisin grincheux!

QUE FAIT LE JUGE LORSQUE SA FILLE
NE LUI OBÉIT PAS?

RÉPONSE : UN PROCÈS VERBAL.

QUE DIT LE COMMIS AUX CLIENTS
LORSQU'IL Y A BEAUCOUP DE
MONDE DANS LE MAGASIN?

RÉPONSE : ALLEZ VOIR EN LIGNE!
SI J'Y SUIS!

La pizza Margherita a été inventée
en 1889, à Naples, en Italie, par le
chef Raffaele Esposito. Il l'a préparée
aux couleurs du drapeau italien,
spécialement pour la reine d'Italie,
Marguerite de Savoie. La célèbre pizza
a été garnie de sauce tomate pour le
rouge, de fromage mozzarella pour le
blanc et de basilic pour le vert.

VRAI OU FOU?

1- Asiago est le nom d'une compagnie de chemin de fer en Chine.

2- Artocarpus est un os du pied.

3- Un poulpe est une pieuvre.

Réponses à la page 108

Mon premier est la 1re lettre de l'alphabet.

Les chiens de garde montrent mon deuxième lorsqu'ils flairent un danger.

Mon troisième garde les pieds au chaud.

Mon quatrième coupe le bois.

Mon tout se voit au cirque.

Le crapaud respire
avec ses poumons et aussi
par sa peau.

De sa voiture, un homme appelle le service d'urgence. Une nouvelle réceptionniste prend l'appel.

- Madame! Je viens d'écraser un poulet! Dites-moi ce que je dois faire!

- Plumez-le monsieur! Et mettez-le au four à 350 °C, répond la femme.

- Et qu'est-ce que je fais de la moto?

• •

Un policier arrête une automobiliste qui vient de brûler un feu rouge.

- Vous n'avez pas vu le feu rouge? demande le policier à la femme.

- Oui, je l'ai vu. C'est vous que je n'ai pas vu!

Un homme se blesse en tombant dans l'escalier d'un immeuble. À l'hôpital, il se réveille et le docteur lui dit :

- J'ai une bonne et une mauvaise nouvelle. Premièrement, vous ne serez plus jamais capable de travailler.

- Et quelle est la mauvaise nouvelle?

- Josée, tu portes deux bas différents aujourd'hui...

- Oui et tu sais quoi? J'en ai une autre paire pareille à la maison!

• •

Éric est passionné d'astronomie. Il annonce à son enseignant :

- Un jour, je m'envolerai dans une fusée à destination du soleil!

- Pauvre Éric, le soleil est si chaud que ta fusée fondrait... explique l'enseignant.

- C'est pour ça que j'irai la nuit!

Mon premier est dans
le milieu du visage.

Mon deuxième n'est pas
habillé.

Mon troisième est le mot
désignant les lumières
avant des voitures.

Mon tout est une fleur
aquatique.

Tristes? Pas du tout!
Des larmes huileuses coulent
continuellement des yeux des cétacés,
comme les dauphins et les baleines.
Ces larmes nettoient les impuretés
et préviennent les infections.

Même s'il a des dents,
le dauphin avale sa nourriture
sans la mâcher.

Au restaurant, un client exigeant demande au serveur :

- Alors, il est prêt ce potage maison?

- Tout de suite, monsieur. Je dois juste trouver l'ouvre-boîte...

● ●

Mon premier est la façon dont se déplacent les oiseaux.

Mon second est une plante potagère qui donne du goût, mais qui donne aussi mauvaise haleine.

Mon tout vit à la ferme.

Savais-tu qu'il t'est impossible
de lécher ton coude?

Une femme se rend à la crèmerie et demande au propriétaire :

- Avez-vous de la crème glacée au concombre?

- Désolé, nous n'en vendons pas ici, dit l'homme.

La dame revient le lendemain :

- Avez-vous de la crème glacée au concombre?

- Nous n'en avons pas! dit le propriétaire, exaspéré.

La femme retourne à la crèmerie tous les jours et demande la même chose. Le propriétaire décide alors de la faire taire en préparant de la crème glacée au concombre. Le lendemain, comme d'habitude, la femme arrive à la crèmerie et s'informe :

- Vous avez de la crème glacée au concombre?

- Oui! Nous en avons! dit fièrement le propriétaire.

- C'est dégoûtant, n'est-ce pas?

Un homme entre chez le libraire et demande :

- Je cherche le livre sur les 10 façons de devenir millionnaire. Ça vous dit quelque chose?

- Oui, je le connais. Mais nous venons tout juste de recevoir un nouveau livre du même auteur, dit le libraire. Il s'intitule : Mes 10 années de prison.

Le miel reste toujours bon. Quand
il vieillit, il peut se cristalliser,
mais il suffit de le faire chauffer
un peu pour qu'il redevienne liquide.

Mon premier est le contraire de mieux.

Mon deuxième est un rongeur.

Mon troisième est la partie molle du pain.

Mon quatrième est une syllabe du mot rapide, qui n'est pas dans le mot pirate.

Mon tout se trouve notamment en Égypte.

Une fillette rencontre un génie, qui lui offre de réaliser ses 3 vœux les plus chers.

- Attention! précise le génie, ta meilleure amie recevra la même chose, mais en triple.

La fillette réfléchit quelques secondes et dit :

- J'aimerais gagner une compétition de natation.

- D'accord, mais ton amie en gagnera trois... rappelle le génie.

- J'aimerais être très belle.

- Ton amie sera 3 fois plus belle, rappelle le génie.

- Comme 3ᵉ vœu, j'aimerais avoir juste un petit bouton sur le nez...

- J'ai fini mon livre! lance Martin, fièrement.

- Tu as mis combien de temps à le lire? lui demande son ami.

- Sur la couverture, c'était écrit « de 8 à 10 ans », mais ça m'a pris seulement 4 ans...

OÙ TROUVEREZ-VOUS UN CHIEN SANS PATTES?

RÉPONSE : À L'ENDROIT OÙ VOUS L'AVEZ LAISSÉ...

Trop fatigué pour manger... Après avoir chassé, puis tué sa proie, un guépard attend une trentaine de minutes avant de commencer son repas. Il doit reprendre son souffle.

Mon premier a 6 côtés et se trouve dans plusieurs jeux de société.

Mon deuxième est le contraire de oui.

Mon troisième est la deuxième consonne de l'alphabet.

Mon tout est l'action de signaler un fait dont on a été témoin.

QUEL EST LE GENRE D'HUMOUR QUE LES DINDES N'AIMENT PAS?

RÉPONSE : LES FARCES.

QUE FAIT LE MENUISIER POUR FAIRE TAIRE UN CORBEAU?

RÉPONSE : IL LUI CLOUE LE BEC.

Autrefois, le forgeron du village
pouvait soigner les chevaux,
les animaux de la ferme... les humains!
Il a souvent été le premier dentiste
du village...

Une femme rencontre une ancienne collègue de travail :

- Qu'as-tu fait à tes cheveux? demande-t-elle. C'est bien, cette couleur et cette coupe. On dirait presque une perruque...

- Oui, c'est bel et bien une perruque, répond la femme.

- Ah! euh... Ça ne se voit pas du tout! reprend l'autre, embarrassée.

C'est à Brockville en Ontario, en 2002, qu'on a fait la plus grosse omelette au monde. Elle pesait 2,95 tonnes!

Une femme monte dans l'autobus avec son nouveau-né. Le conducteur lui dit :

- Vraiment, je n'ai jamais vu de bébé aussi laid…

Furieuse, la femme va s'asseoir à l'arrière de l'autobus et explique à son voisin que le conducteur lui a manqué de respect.

- C'est inacceptable! dit celui-ci. Laissez-moi tenir votre petit singe pendant que vous allez lui dire ce que vous en pensez!

QUELLE EST LA DANSE PRÉFÉRÉE DES INTERNAUTES?

RÉPONSE : LA DANSE EN LIGNE.

Un père parle à son fils :

- N'oublie jamais que nous sommes sur Terre pour travailler.

- Je sais... C'est pour ça que j'ai décidé de devenir marin, dit le garçon.

Deux enfants discutent :

- Maman dit que manger du chocolat avant d'aller au lit m'empêche de dormir...

- Moi, c'est le contraire, dit l'autre. Dormir m'empêche de manger du chocolat.

QUE DIT UNE VIS AU TOURNEVIS?

RÉPONSE : ARRÊTE! TU ME FAIS TOURNER LA TÊTE!

Ne pouvant mâcher leur nourriture,
les crocodiliens laissent leurs proies
se décomposer avant de les
avaler en morceaux.

Mon premier est une sorte de métal.

Les chiens aiment beaucoup mon second.

Mon tout décrit bien le lion.

• •

Une mère demande à sa fille :

- Quelle est la différence entre une boîte de thon et de la nourriture pour chats?

- Je ne sais pas... répond la fillette.

- Rappelle-moi de ne jamais t'envoyer à l'épicerie pour faire les courses...

Une femme et son mari partent en voyage pour la fin de semaine. Ils laissent leur adolescent seul à la maison pour la première fois. Avant de partir, sa mère lui rappelle :

- N'oublie pas. Je veux voir la maison en ordre à notre retour.

- J'ai compris, maman.

Le couple revient le dimanche soir. La femme pousse un cri en voyant le désordre.

- Tu m'as menti! dit-elle à son fils. Tu avais promis que tu rangerais!

- Non maman! C'est toi qui as menti! Tu m'as toujours dit que le temps arrange les choses. Alors j'attends! Mais ça ne marche pas...

Mon premier est la troisième
lettre de l'alphabet.

Mon deuxième vient de la
vache.

Mon troisième est un fromage
à pâte molle.

Mon quatrième est une syllabe
du mot karaté qui est aussi
dans le mot tétanos.

Mon tout est une personne
connue.

- Bonjour Dalma! Humm... tu sens
la pomme aujourd'hui...
- Et toi Bernard... Euh... le poisson!
Il existe toute une gamme de parfums
et d'eaux de toilette pour chiens :
fraise, noix de coco, vanille, citron,
cannelle...

Mon premier est le contraire de faible.

Mon deuxième est le pronom personnel de la première personne du singulier.

Mon troisième n'est pas carré.

Mon tout est une personne qui travaille le fer.

QUI A TROIS BICYCLETTES, TROIS TROTTINETTES, TROIS TRAMPOLINES ET AUCUN RÈGLEMENT DANS LA MAISON?

RÉPONSE : UN MENTEUR

Guillaume a la grippe. Quand le docteur a fini de l'examiner, il demande :

- Docteur, je vous promets d'être courageux, alors dites-moi la vérité. Quand dois-je retourner à l'école?

• •

Dans la rue, un homme demande à une dame :

- Par hasard, auriez-vous vu un policier dans le coin?

- Non, aucun, répond la dame.

- Alors donnez-moi votre sac à main!

Pas de rats en Alberta! Il y a une
patrouille anti-rats en Alberta.
Son rôle est d'éliminer les rats dont la
prolifération aurait des conséquences
désastreuses sur les récoltes.
La possession de rats est aussi
interdite dans cette province.
Les contrevenants sont passibles
d'une amende de 5 000 $.

Un élève dit à un autre :

- Mes parents gagnent 100 000 $ net par année avec leur enterprise de nettoyage à sec et leur buanderie. Et les tiens?

- Ils ne font pas d'argent net.

- C'est impossible! Tes parents n'auraient pas de maison, pas d'auto, rien!

- C'est qu'ils gagnent beaucoup d'argent, mais ils travaillent tous les deux dans un garage...

De tous les animaux, c'est le bœuf
musqué qui a la plus longue fourrure.
Elle peut mesurer 1 m de long! Pas
étonnant qu'il ne craigne pas le froid!

Deux chiens errants se rencontrent sur le trottoir.

- Salut mon pote! Ça va? dit le premier.

- Humm! humm! pas mal... répond l'autre.

- Tu as attrapé un petit rhume?

- Humm! non... humm! J'ai un chat dans la gorge...

Le piranha noir n'est pas dangereux comme le piranha rouge. Ce poisson végétarien possède une rangée de dents fort bien aiguisées, si bien que les Indiens d'Amazonie s'en servent comme ciseaux!

Dans un café, trois clients se racontent leurs problèmes.

- Moi, mon garçon me boude depuis une semaine, raconte l'un d'eux.

- Moi, renchérit une dame, ce sont les résultats scolaires de ma fille qui m'inquiètent.

- Et moi, dit le troisième, tous mes ennuis sont derrière.

- Vous voulez dire que vous n'avez pas d'ennuis? dit la femme.

- Non, c'est que je conduis un autobus scolaire, répond l'homme.

Mon premier est un conifère de trois lettres.

Mon deuxième est le pronom personnel de la 2e personne du singulier.

Mon troisième est une syllabe du mot réveil, qui est aussi dans le mot marécage.

Les enfants adorent faire mon tout avec les doigts.

En Chine, les femmes portent
souvent une robe de mariée rouge,
car selon la tradition, le rouge
symbolise la chance.

Un élève demande au cuisinier de la cafétéria :

- Est-ce que c'est une casserole au thon ou au bœuf?

- Tu n'as qu'à goûter et tu le sauras! répond le cuisinier.

- C'est que j'ai déjà goûté...

••••••••••••••••••••••••••••••••••••

Alex a toujours des collations qui font envie à ses camarades de classe. D'habitude, après avoir partagé, il ne lui reste presque rien. Un jour, il en a assez. À la récréation, il lance bien fort :

- Vous devriez voir ça! Ma maison est infestée de coquerelles! Il y en a partout! J'en ai même trouvé dans la boîte de biscuits!

Sous le pont d'Avignon, on y danse,
on y danse... Au XIXe siècle,
les Avignonnais ne dansaient pas
sur le pont comme le dit la célèbre
chanson, mais sous le pont, sur les
berges du Rhône, aménagées pour
la détente et les loisirs.

Jean dit à son frère :

- J'aimerais avoir assez d'argent pour acheter la voiture la plus dispendieuse qui existe.

- Qu'est-ce que tu pourrais faire avec une voiture? Tu es encore trop jeune pour avoir ton permis de conduire, réplique son jeune frère.

- Tu ne comprends jamais rien! Je ne veux pas d'auto. Je veux juste l'argent!

Une enseignante demande à un élève :

- Pierrot, tu peux me montrer l'Amérique sur la carte?

- C'est ici, dit Pierrot.

- Bravo! Maintenant, quelqu'un peut-il me dire qui l'a découverte?

- C'est Pierrot! répond la classe en chœur.

Pas besoin de parasol! Dans la forêt tropicale, au niveau de la canopée, il y a des feuilles géantes qui peuvent mesurer 4 m.

Avec ses 3,7 m de façade,
la maison la plus étroite en Amérique
du Nord est située non loin
du Château Frontenac, à Québec,
au 6, rue Donnacona.

Une citadine va faire un tour à la campagne. Elle rencontre un homme qui travaille dans son potager.

- Monsieur, dites-moi votre secret. Comment faites-vous pour avoir d'aussi gros radis?

- C'est simple. J'ai semé des graines de betteraves...

. . . .

Mon premier est le contraire de mort.

Mon deuxième est une note de musique.

Mon troisième est synonyme de gaieté.

Mon tout est une personne qui ne vit pas en ville.

On a pesé le plus gros citron
le 8 janvier 2003, en Israël.
L'agrume pesait 5,265 kg!

Sont-ils tous gauchers? Selon des
observateurs, les ours polaires
attaquent toujours les phoques
avec leur patte gauche.

Mon premier est un mammifère
qui a des bois.

Mon second est le petit de la
vache.

Mon tout est dans la tête.

• •

Mon premier tient ta tête.

Mon second vit avec la reine
au château.

Mon tout permet d'attacher
quelque chose.

Une jeune fille prépare un repas pour ses parents.

- J'ai entendu deux recettes à la radio, une pour de la soupe et l'autre pour faire du détergent à lessive.

Le père goûte la soupe et demande :

- Maintenant que j'ai goûté le détergent, est-ce que je peux goûter la soupe?

QUI A SUCCÉDÉ AU PREMIER PRÉSIDENT DE L'ASSOCIATION POUR LA SAUVEGARDE DES DROITS DES ANIMAUX À QUATRE PATTES?

RÉPONSE : LE DEUXIÈME.

Lorsqu'ils sont chauffés par le soleil,
les ponts s'allongent légèrement.
Les plus grands ont des joints spéciaux
avec des espaces vides qui leur
donnent de la place pour se distendre.

Une femme raconte à sa meilleure amie que son mari est si économe qu'il ne l'invite jamais à sortir. Plus tard le même jour, son mari lui lance du sous-sol :

- Chérie! Mets ton manteau!

- Mon amour, tu me fais tellement plaisir! Où allons-nous?

- Nulle part... répond l'homme.

- Alors pourquoi mettre mon manteau? demande la femme.

- C'est que je m'apprête à couper le chauffage!

La mouffette peut projeter son liquide
puant jusqu'à 5 m de distance.
L'odeur est si forte que le vent peut
la répandre sur près de 1 km.

Deux petits vers se rencontrent dans une pomme. L'un d'eux dit :

- Eh bien! je ne savais pas que tu habitais le quartier!

QUELLE EST LA PRISE PRÉFÉRÉE DU COQ LORS D'UN COMBAT?

RÉPONSE : LA PRISE DE BEC.

La plus grosse lanterne d'Halloween
a été réalisée en Pennsylvanie,
en 2005, avec une citrouille
pesant 666,32 kg.

Qu'est-ce que tu peux dire à quelqu'un qui te harcèle et qui veut se battre?

- Si tu veux, on peut se battre, mais il faut que je te dise... J'ai quelque chose que tu n'as pas. Enfin, pas encore.

- Impossible, je suis plus grand et plus fort que toi!

- Ça je le sais. C'est que moi, j'ai des poux plein la tête...

Les pirates préféraient souvent
manger dans le noir. De cette façon,
ils ne voyaient pas les insectes
dans leur nourriture...

Solutions

Page 32 VRAI OU FOU?

1- Vrai

2- Vrai

3- Fou (Les scientifiques supposent qu'ils étaient dans les tons de gris et de vert pour se dissimuler facilement.)

Page 37.....Rien

Page 38 VRAI OU FOU?

1- Fou (C'est Thomas Edison qui a inventé l'ampoule électrique.)

2- Vrai

3- Fou (C'est le nom donné à une ganse à la hauteur de la taille derrière un manteau ou autre pardessus.)

Page 49 VRAI OU FOU?

1- Fou (C'est une sorte de fromage italien.)

2- Fou (C'est une sorte d'arbre qui pousse en Australie.)

3- Vrai